THIS BOOK BELONGS TO:

_____

- -

_____

A B C D

E F G H

I J K L

M N O P

Q R S T

U V W X

Y Z

a b c d

e f g h

i j k l

m n o p

q r s t

u v w x

y z

Practice by tracing the letter. Then write the letter.

Practice by tracing the letter. Then write the letter.

Practice by tracing the letter. Then write the letter.

Practice by tracing the letter. Then write the letter.

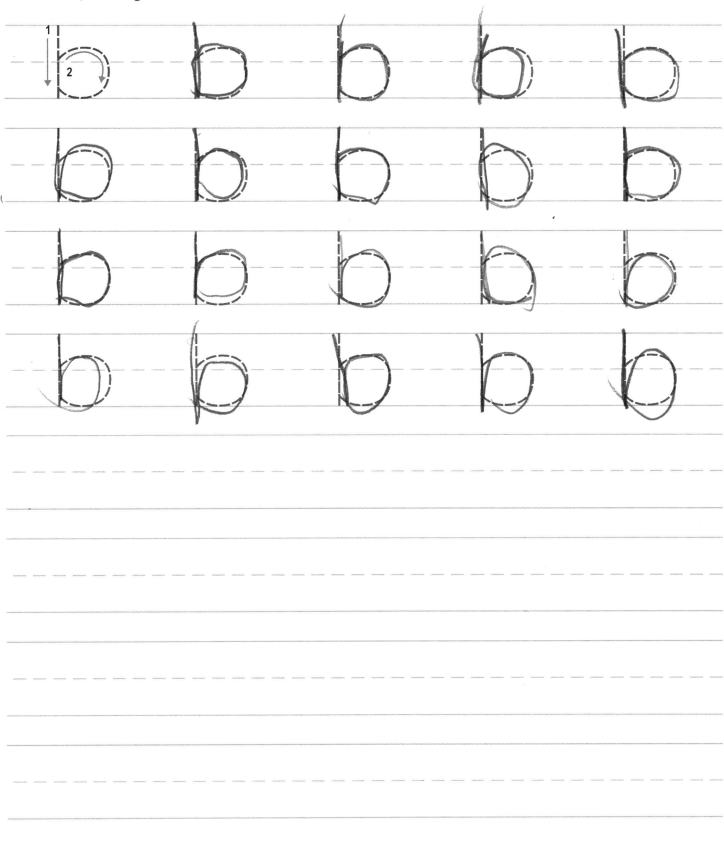

A B **C** D E F G H I J K L M N O P Q R S T U V W X Y Z

Practice by tracing the letter. Then write the letter.

Practice by tracing the letter. Then write the letter.

Practice by tracing the letter. Then write the letter.

Practice by tracing the letter. Then write the letter.

Practice by tracing the letter. Then write the letter.

A B C D **E** F G H I J K L M N O P Q R S T U V W X Y Z

Practice by tracing the letter. Then write the letter.

A B C D E **F** G H I J K L M N O P Q R S T U V W X Y Z

Practice by tracing the letter. Then write the letter.

Practice by tracing the letter. Then write the letter.

Practice by tracing the letter. Then write the letter.

A B C D E F **G** H I J K L M N O P Q R S T U V W X Y Z

Practice by tracing the letter. Then write the letter.

A B C D E F G **H** I J K L M N O P Q R S T U V W X Y Z

Practice by tracing the letter. Then write the letter.

Practice by tracing the letter. Then write the letter.

Practice by tracing the letter. Then write the letter.

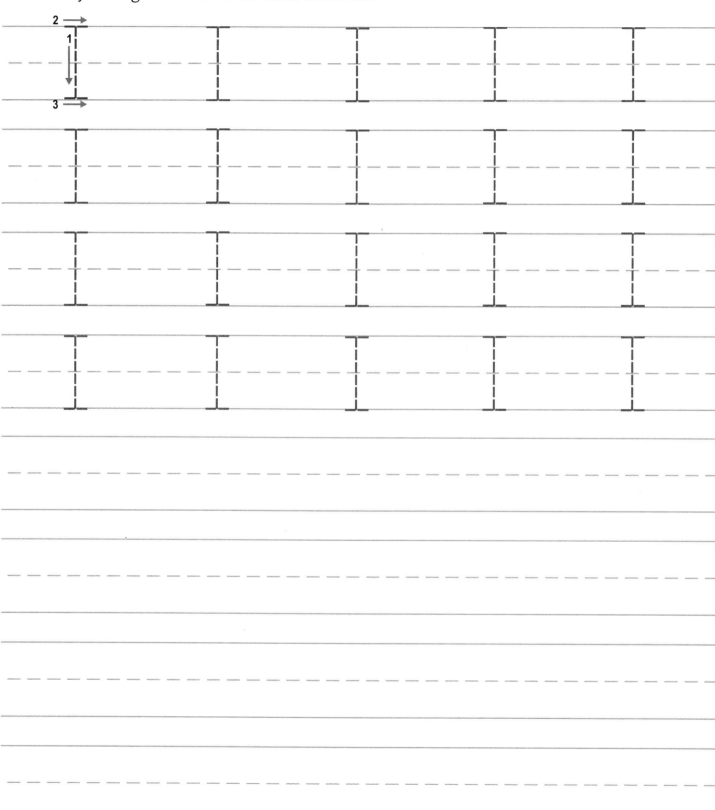

A B C D E F G H **I** J K L M N O P Q R S T U V W X Y Z

Practice by tracing the letter. Then write the letter.

Practice by tracing the letter. Then write the letter.

Practice by tracing the letter. Then write the letter.

Practice by tracing the letter. Then write the letter.

A B C D E F G H I J **K** L M N O P Q R S T U V W X Y Z

Practice by tracing the letter. Then write the letter.

A B C D E F G H I J K **L** M N O P Q R S T U V W X Y Z

Practice by tracing the letter. Then write the letter.

A B C D E F G H I J K **L** M N O P Q R S T U V W X Y Z

Practice by tracing the letter. Then write the letter.

1

A B C D E F G H I J K L Ⓜ N O P Q R S T U V W X Y Z

Practice by tracing the letter. Then write the letter.

A B C D E F G H I J K L Ⓜ N O P Q R S T U V W X Y Z

Practice by tracing the letter. Then write the letter.

Practice by tracing the letter. Then write the letter.

A B C D E F G H I J K L M **N** O P Q R S T U V W X Y Z

Practice by tracing the letter. Then write the letter.

Practice by tracing the letter. Then write the letter.

Practice by tracing the letter. Then write the letter.

Practice by tracing the letter. Then write the letter.

A B C D E F G H I J K L M N O **P** Q R S T U V W X Y Z

Practice by tracing the letter. Then write the letter.

A B C D E F G H I J K L M N O P **Q** R S T U V W X Y Z

Practice by tracing the letter. Then write the letter.

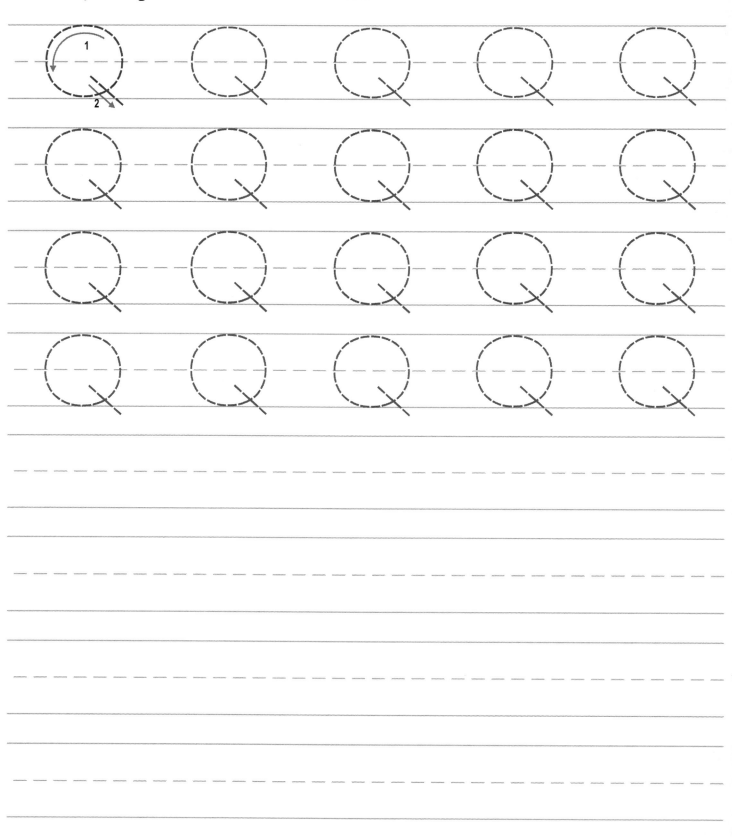

A B C D E F G H I J K L M N O P **Q** R S T U V W X Y Z

Practice by tracing the letter. Then write the letter.

q q q q q

q q q q q

q q q q q

q q q q q

Practice by tracing the letter. Then write the letter.

Practice by tracing the letter. Then write the letter.

S   S   S   S   S

S   S   S   S   S

S   S   S   S   S

S   S   S   S   S

Practice by tracing the letter. Then write the letter.

Practice by tracing the letter. Then write the letter.

Practice by tracing the letter. Then write the letter.

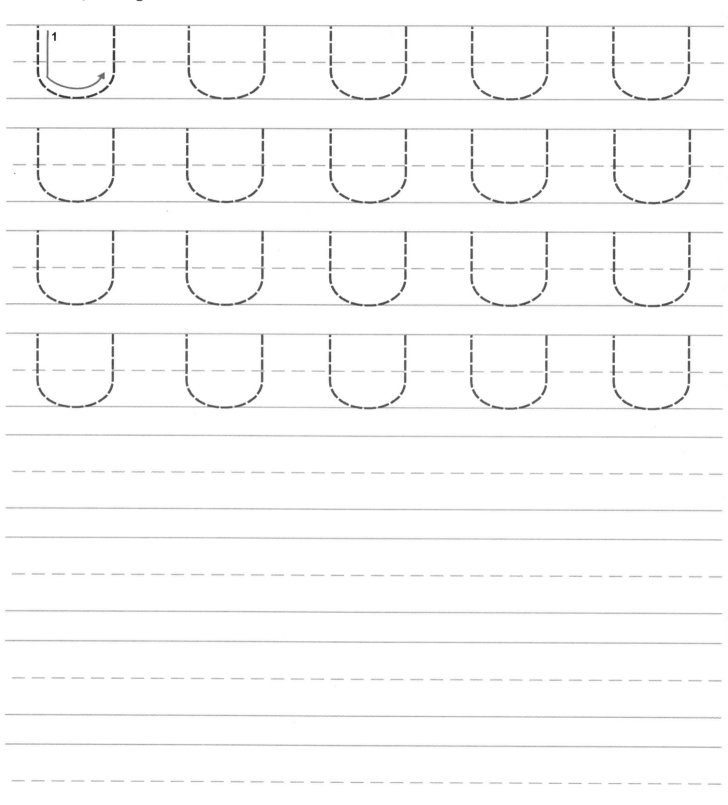

A B C D E F G H I J K L M N O P Q R S T **U** V W X Y Z

Practice by tracing the letter. Then write the letter.

ABCDEFGHIJKLMNOPQRSTU**V**WXYZ

Practice by tracing the letter. Then write the letter.

Practice by tracing the letter. Then write the letter.

Practice by tracing the letter. Then write the letter.

A B C D E F G H I J K L M N O P Q R S T U V (W) X Y Z

Practice by tracing the letter. Then write the letter.

A B C D E F G H I J K L M N O P Q R S T U V W **X** Y Z

Practice by tracing the letter. Then write the letter.

A B C D E F G H I J K L M N O P Q R S T U V W **X** Y Z

Practice by tracing the letter. Then write the letter.

Practice by tracing the letter. Then write the letter.

Practice by tracing the letter. Then write the letter.

Practice by tracing the letter. Then write the letter.

A B C D E F G H I J K L M N O P Q R S T U V W X Y **Z**

Practice by tracing the letter. Then write the letter.

Z Z Z Z Z

Z Z Z Z Z

Z Z Z Z Z

Z Z Z Z Z

A B C D

E F G H

I J K L

M N O P

Q R S T

U V W X

Y Z

a b c d
e f g h
i j k l
m n o p
q r s t
u v w x
y z

Practice by tracing the letter. Then write the letter.

Practice by tracing the letter. Then write the letter.

A **B** C D E F G H I J K L M N O P Q R S T U V W X Y Z

Practice by tracing the letter. Then write the letter.

Practice by tracing the letter. Then write the letter.

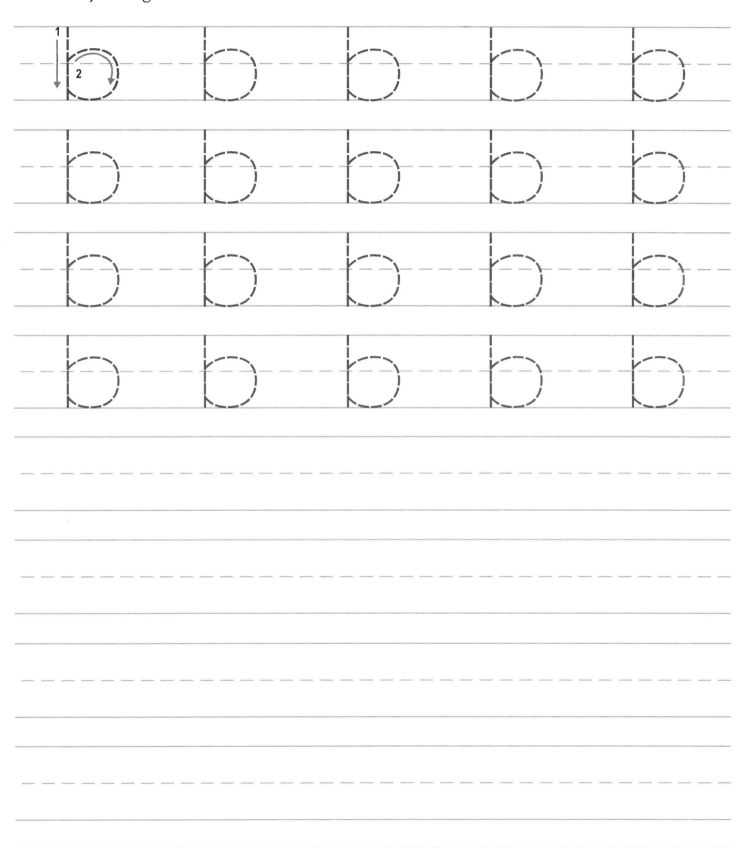

A B **C** D E F G H I J K L M N O P Q R S T U V W X Y Z

Practice by tracing the letter. Then write the letter.

A B **C** D E F G H I J K L M N O P Q R S T U V W X Y Z

Practice by tracing the letter. Then write the letter.

Practice by tracing the letter. Then write the letter.

A B C **D** E F G H I J K L M N O P Q R S T U V W X Y Z

Practice by tracing the letter. Then write the letter.

A B C D **E** F G H I J K L M N O P Q R S T U V W X Y Z

Practice by tracing the letter. Then write the letter.

A B C D **E** F G H I J K L M N O P Q R S T U V W X Y Z

Practice by tracing the letter. Then write the letter.

Practice by tracing the letter. Then write the letter.

Practice by tracing the letter. Then write the letter.

Practice by tracing the letter. Then write the letter.

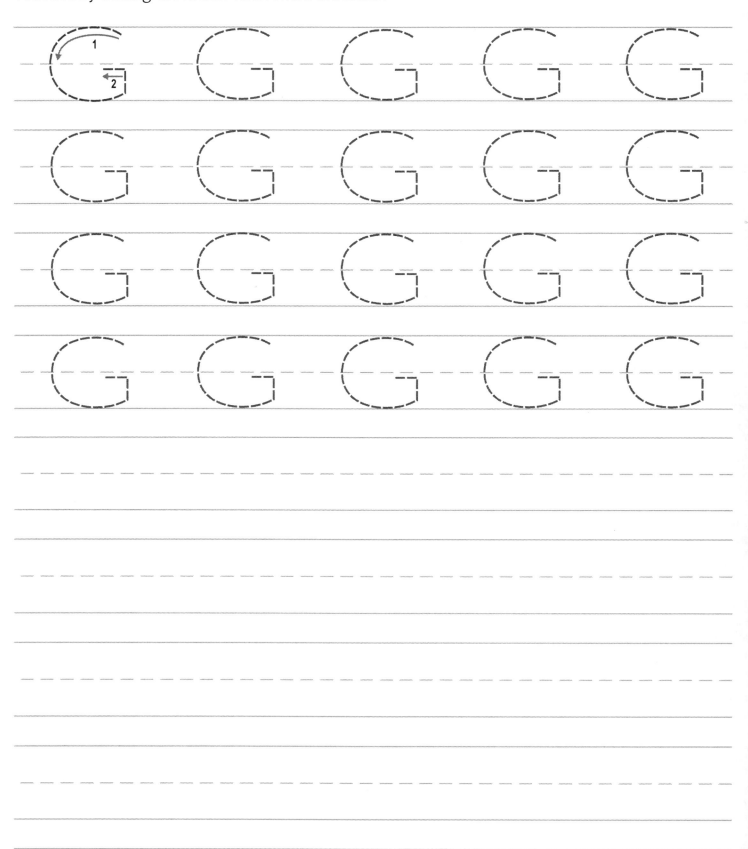

Practice by tracing the letter. Then write the letter.

A B C D E F G **H** I J K L M N O P Q R S T U V W X Y Z

Practice by tracing the letter. Then write the letter.

Practice by tracing the letter. Then write the letter.

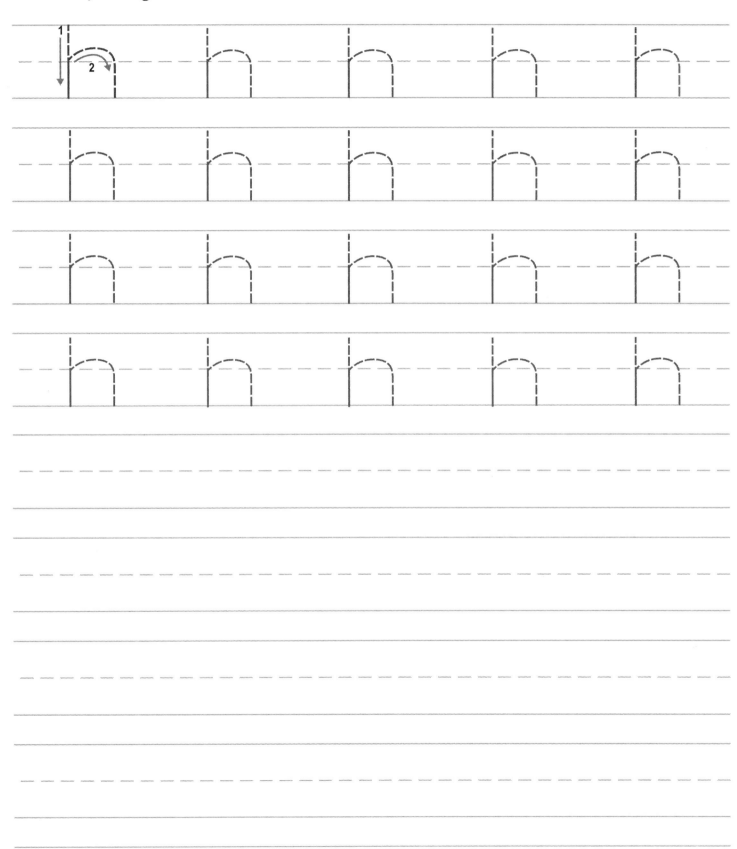

A B C D E F G H **I** J K L M N O P Q R S T U V W X Y Z

Practice by tracing the letter. Then write the letter.

A B C D E F G H **I** J K L M N O P Q R S T U V W X Y Z

Practice by tracing the letter. Then write the letter.

Practice by tracing the letter. Then write the letter.

A B C D E F G H I J K L M N O P Q R S T U V W X Y Z

Practice by tracing the letter. Then write the letter.

Practice by tracing the letter. Then write the letter.

A B C D E F G H I J **K** L M N O P Q R S T U V W X Y Z

Practice by tracing the letter. Then write the letter.

A B C D E F G H I J K **L** M N O P Q R S T U V W X Y Z

Practice by tracing the letter. Then write the letter.

A B C D E F G H I J K **L** M N O P Q R S T U V W X Y Z

Practice by tracing the letter. Then write the letter.

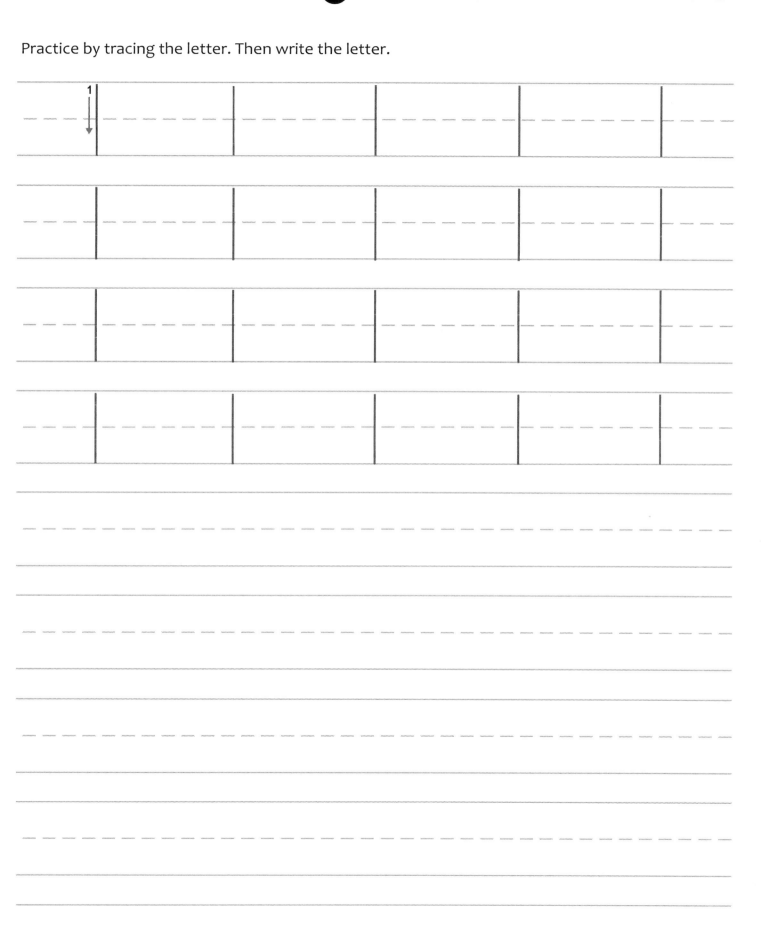

A B C D E F G H I J K L **M** N O P Q R S T U V W X Y Z

Practice by tracing the letter. Then write the letter.

A B C D E F G H I J K L **M** N O P Q R S T U V W X Y Z

Practice by tracing the letter. Then write the letter.

Practice by tracing the letter. Then write the letter.

Practice by tracing the letter. Then write the letter.

n   n   n   n   n

n   n   n   n   n

n   n   n   n   n

n   n   n   n   n

A B C D E F G H I J K L M N **O** P Q R S T U V W X Y Z

Practice by tracing the letter. Then write the letter.

A B C D E F G H I J K L M N O P Q R S T U V W X Y Z

Practice by tracing the letter. Then write the letter.

A B C D E F G H I J K L M N O **P** Q R S T U V W X Y Z

Practice by tracing the letter. Then write the letter.

Practice by tracing the letter. Then write the letter.

A B C D E F G H I J K L M N O P **Q** R S T U V W X Y Z

Practice by tracing the letter. Then write the letter.

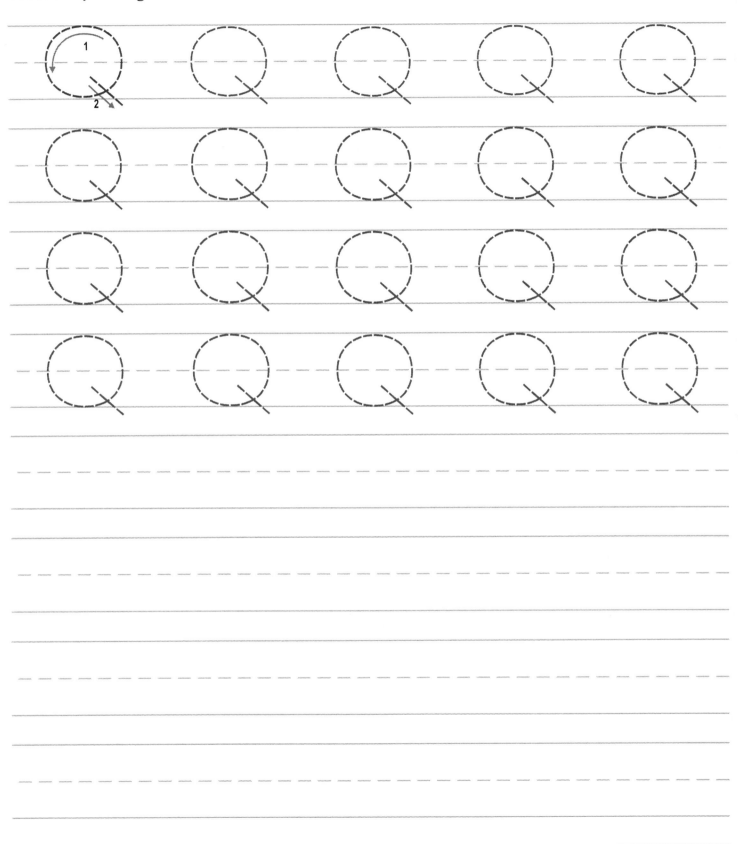

Practice by tracing the letter. Then write the letter.

A B C D E F G H I J K L M N O P Q **R** S T U V W X Y Z

Practice by tracing the letter. Then write the letter.

R R R R R

R R R R R

R R R R R

R R R R R

Practice by tracing the letter. Then write the letter.

A B C D E F G H I J K L M N O P Q R **S** T U V W X Y Z

Practice by tracing the letter. Then write the letter.

A B C D E F G H I J K L M N O P Q R **S** T U V W X Y Z

Practice by tracing the letter. Then write the letter.

S   S   S   S   S

S   S   S   S   S

S   S   S   S   S

S   S   S   S   S

Practice by tracing the letter. Then write the letter.

Practice by tracing the letter. Then write the letter.

A B C D E F G H I J K L M N O P Q R S T Ⓤ U V W X Y Z

Practice by tracing the letter. Then write the letter.

A B C D E F G H I J K L M N O P Q R S T **U** V W X Y Z

Practice by tracing the letter. Then write the letter.

A B C D E F G H I J K L M N O P Q R S T U **Ⓥ** W X Y Z

Practice by tracing the letter. Then write the letter.

Practice by tracing the letter. Then write the letter.

Practice by tracing the letter. Then write the letter.

Practice by tracing the letter. Then write the letter.

A B C D E F G H I J K L M N O P Q R S T U V W **X** Y Z

Practice by tracing the letter. Then write the letter.

A B C D E F G H I J K L M N O P Q R S T U V W **X** Y Z

Practice by tracing the letter. Then write the letter.

A B C D E F G H I J K L M N O P Q R S T U V W X Z

Practice by tracing the letter. Then write the letter.

Practice by tracing the letter. Then write the letter.

A B C D E F G H I J K L M N O P Q R S T U V W X Y **Z**

Practice by tracing the letter. Then write the letter.

1 →

A B C D E F G H I J K L M N O P Q R S T U V W X Y **Z**

Practice by tracing the letter. Then write the letter.

Z   Z   Z   Z   Z

Z   Z   Z   Z   Z

Z   Z   Z   Z   Z

Z   Z   Z   Z   Z

NOW I KNOW MY

ABC'S

NEXT LET'S LEARN
HOW TO READ!

47346871R00063

Made in the USA
Middletown, DE
22 August 2017